Impressum
Verlag: BABADADA GmbH, Nedderfeld 112 , 22529 Hamburg
Geschäftsführer / Verlagsleitung: Harald Hof
Druck: Books on Demand GmbH, In de Tarpen 42, 22848 Norderstedt

Imprint
Publisher: BABADADA GmbH, Nedderfeld 112 , 22529 Hamburg, Germany
Managing Director / Publishing direction: Harald Hof
Print: Books on Demand GmbH, In de Tarpen 42, 22848 Norderstedt, Germany

shkolla

школа

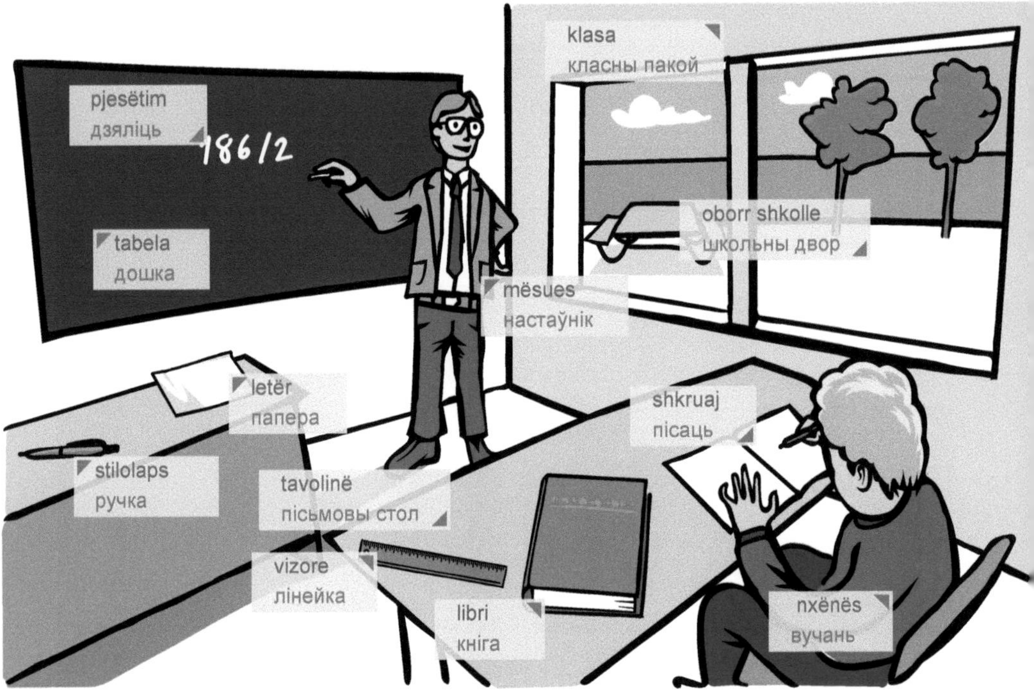

klasa
класны пакой
pjesëtim
дзяліць
186/2
tabela
дошка
oborr shkolle
школьны двор
mësues
настаўнік
letër
папера
shkruaj
пісаць
stilolaps
ручка
tavolinë
пісьмовы стол
vizore
лінейка
libri
кніга
nxënës
вучань

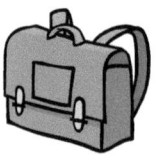

çantë

ранец

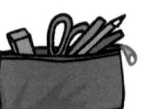

mbajtëse lapsash

пенал

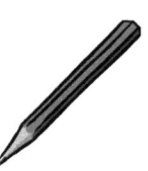

laps

просты аловак

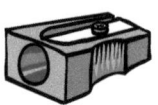

mprehës lapsash

тачылка для алоўкаў

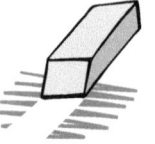

gomë

гумка

fletore vizatimi

альбом для малявання

vizatim

малюнак

penel

пэндзлік

kuti bojërash

фарбы

gërshërë

нажніцы

ngjitës

клей

fletore detyrash

сшытак

detyrë shtëpie

хатняе заданне

12

numër

лік

2+2

mbledh

дадаваць

5-2

zbres

адымаць

2✖2

shumëzoj

множыць

llogaris

лічыць

A

gërmë

літара

ABCDEFG HIJKLMN OPQRSTU VWXYZ

alfabeti

алфавіт

hello

fjalë

слова

tekst

тэкст

lexoj

чытаць

shkumës

крэйда

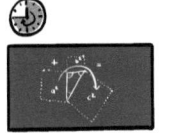

mësim

ўрок

regjistër

класны журнал

provim

экзамен

çertifikatë

атэстат

uniformë shkolle

школьная форма

arsimim

адукацыя

enciklopedia

энцыклапедыя

universitet

універсітэт

mikroskop

мікраскоп

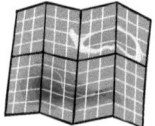

hartë

карта

kosh letrash

смеццевы кошык

udhëtim
падарожжа

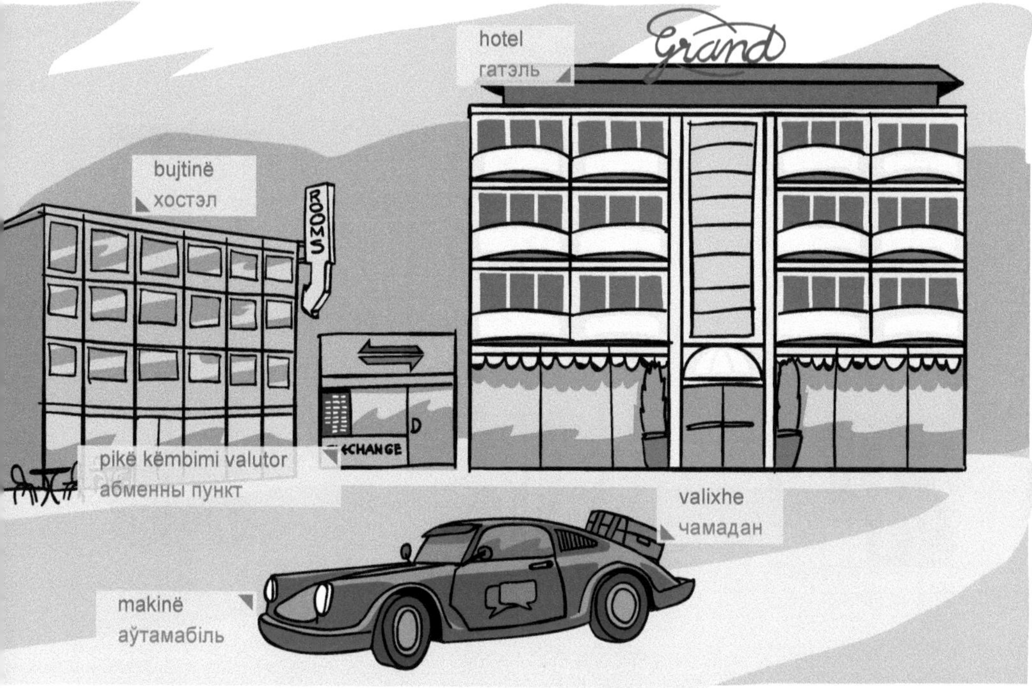
hotel
гатэль
Grand
bujtinë
хостэл
ROOMS
€CHANGE
pikë këmbimi valutor
абменны пункт
valixhe
чамадан
makinë
аўтамабіль

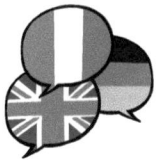

gjuhë
мова

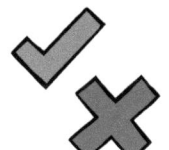

po / jo
так / не

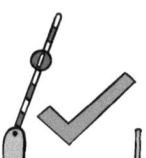

Në rregull
добра

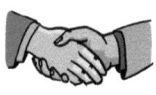

ç'kemi
прывітанне!

përkthyes
перакладчык

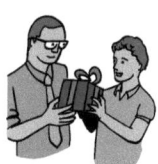

Faleminderit
дзякуй

sa kushton…?

Колькі каштуе….?

nuk e kuptoj

я не разумею

problem

праблема

Mirëmbrëma!

Добры вечар!

Mirëmëngjes!

Добрай раніцы!

Natën e mirë!

Дабранач!

mirupafshim

да пабачэння

drejtim

кірунак

bagazhet

багаж

çantë

сумка

çantë shpine

заплечнік

mysafir

госць

dhomë

пакой

thes gjumi

спальны мяшок

tendë

палатка

informacion për turistët

інфармацыя для турыстаў

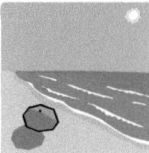

plazh

пляж

kartë krediti

крэдытная картка

mëngjes

снеданне

drekë

абед

darkë

вячэра

Biletë

праязны білет

ashensor

ліфт

pulla

паштовая марка

kufi

мяжа

doganë

мытня

ambasadë

пасольства

vizë

віза

pasaportë

пашпарт

transport

транспарт

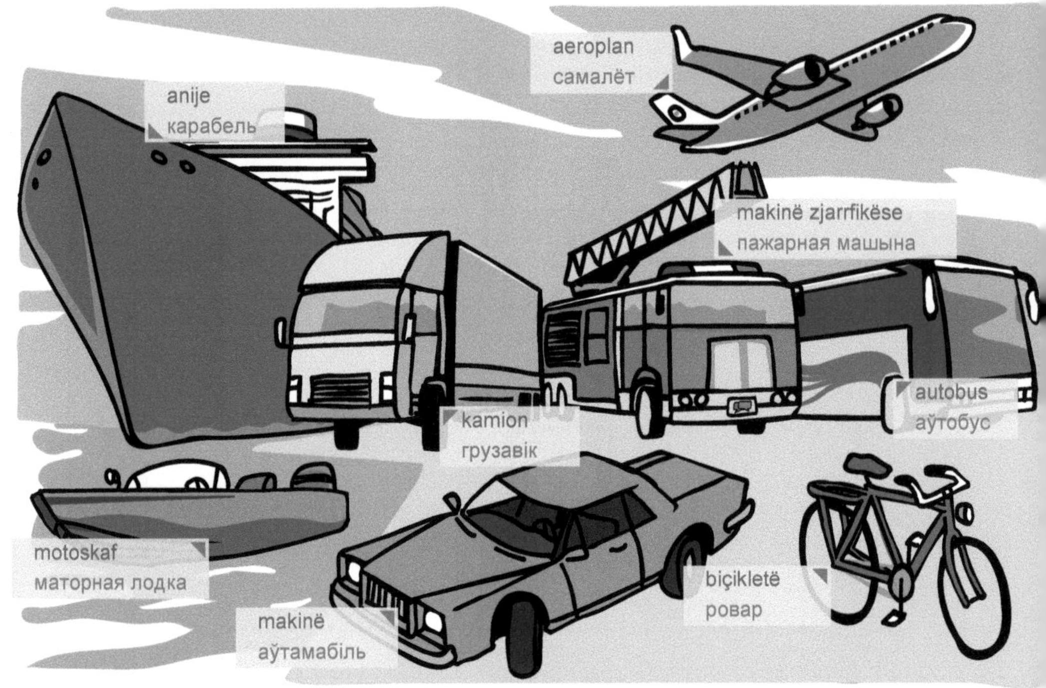
aeroplan
самалёт
anije
карабель
makinë zjarrfikëse
пажарная машына
autobus
аўтобус
kamion
грузавік
motoskaf
маторная лодка
biçikletë
ровар
makinë
аўтамабіль

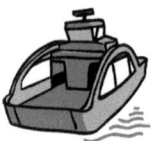

traget

паром

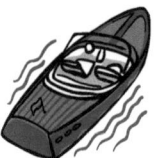

varkë

лодка

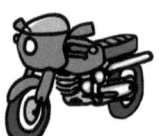

motoçikletë

матацыкл

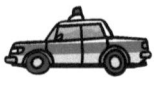

makinë policie

паліцэйская машына

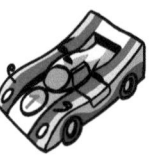

makinë garash

гоначны аўтамабіль

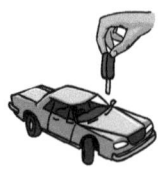

makinë me qira

арэндаваны аўтамабіль

ndarje e qirasë së makinës

сумеснае карыстанне аўтамабілем

karroatrec

эвакуатар

makinë plehrash

смеццявоз

motor

матор

benzinë

паліва

pikë karburanti

запраўка

sinjalistikë trafiku

дарожны знак

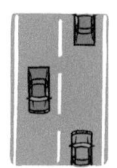

trafik

дарожны рух

bllokim trafiku

затор

parkim makinash

паркоўка

stacion treni

чыгуначная станцыя

trase

рэйкі

tren

цягнік

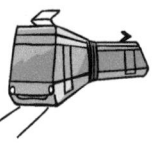

tramvaj

трамвай

karro

вагон

helikopter

верталёт

aeroport

аэрапорт

kullë

вежа

pasagjer

пасажыр

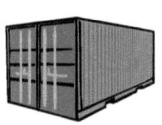

kontenier

кантэйнер

kuti kartoni

кардонная скрыня

qerre

тачка

shportë

карзіна

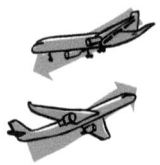

ngrihem / ulem

ўзлятаць / прызямляцца

qytet

горад

fshat

вёска

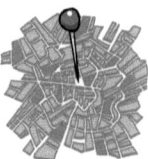

qendra e qytetit

цэнтр горада

shtëpi

дом

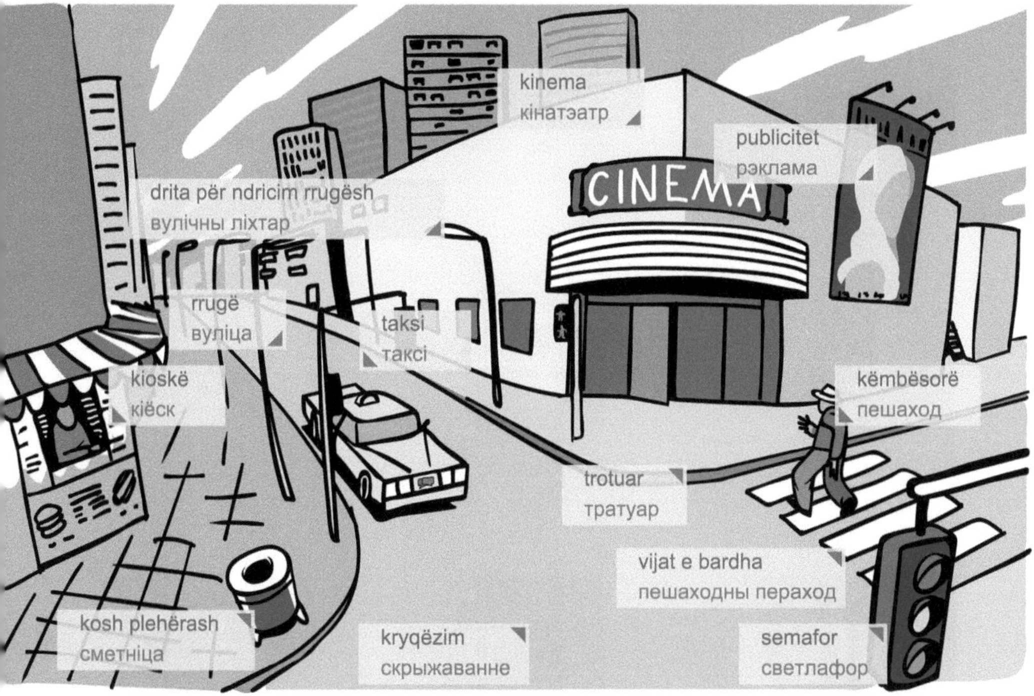

kinema
кінатэатр

publicitet
рэклама

drita për ndricim rrugësh
вулічны ліхтар

CINEMA

rrugë
вуліца

taksi
таксі

kioskë
кіёск

këmbësorë
пешаход

trotuar
тратуар

vijat e bardha
пешаходны пераход

kosh plehërash
сметніца

kryqëzim
скрыжаванне

semafor
светлафор

kasolle
....
халупа

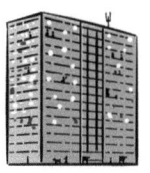

apartament
....
кватэра

stacion treni
....
чыгуначная станцыя

bashki
....
ратуша

muze
....
музей

shkolla
....
школа

qytet - горад

universitet

універсітэт

bankë

банк

spital

шпіталь

hotel

гатэль

farmaci

аптэка

zyrë

офіс

librari

кнігарня

dyqan

крама

dyqan lulesh

кветкавая крама

supermarket

супермаркет

market

кірмаш

mapo

універмаг

dyqan peshku

рыбная крама

qëndër tregtare

гандлевы цэнтр

port

порт

park

парк

stol

лава

urë

мост

shkallë

лесвіца

metro

метро

tunel

тунэль

stacion autobuzi

прыпынак

bar

бар

restorant

рэстаран

kuti postare

паштовая скрыня

sinjalistikë rrugore

вулічны паказальнік

kohëmatës parkimi

паркамат

kopsht zoologjik

заапарк

pishinë

басейн

xhami

мячэць

fermë

сядзіба

ndotje

забруджванне
навакольнага асяроддзя

varrezë

могілкі

kishë

царква

shesh lojërash

пляцоўка для гульні

tempull

храм

peisazh

краявід

gjethe
ліст

tabela orientuese
паказальнік

rrugë
дарога

livadh
луг

gurë
камень

pemë
дрэва

ekskursionist
падарожнік

lumë
рака

bar
трава

lule
кветка

luginë

даліна

kodër

гара

liqen

возера

pyll

лес

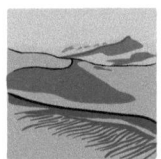

shkretëtirë

пустыня

vullkan

вулкан

kështjellë

замак

ylber

вясёлка

kepudhë

грыб

palmë

пальма

mushkonjë

камар

mizë

муха

milingonë

мурашка

bletë

пчала

merimangë

павук

brumbull

жук

bretkosë

жаба

ketër

вавёрка

iriq

вожык

lepur

заяц

buf

сава

zog

птушка

mjellmë

лебедзь

derr i egër

дзік

dre

алень

dre brilopatë

лось

digë

плаціна

turbinë ere

вятрак

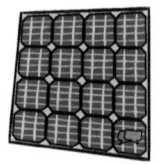

panel diellor

сонечная батарэя

klimë

клімат

restorant

рэстаран

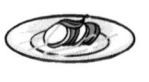

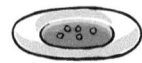

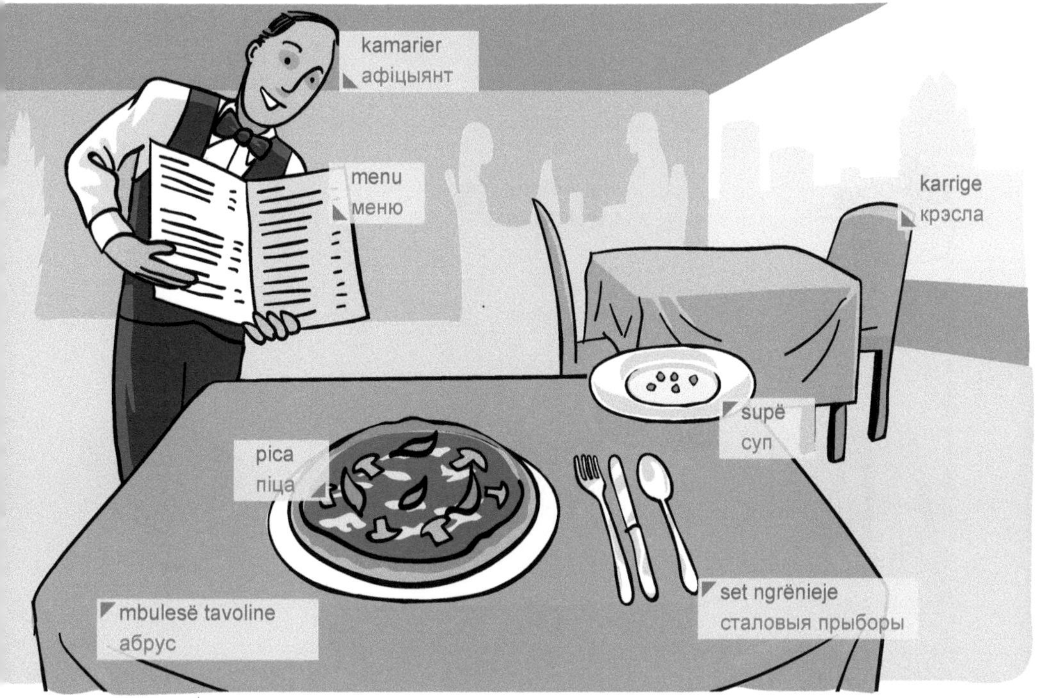

kamarier
афіцыянт
menu
меню
karrige
крэсла
supë
суп
pica
піца
set ngrënieje
сталовыя прыборы
mbulesë tavoline
абрус

pjatë e parë

закуска

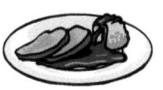

pjatë kryesore

другая страва

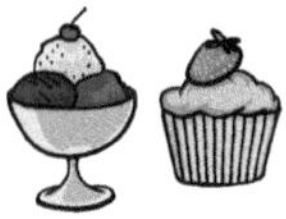

ëmbëlsirë

дэсерт

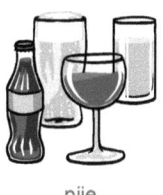

pije

напоі

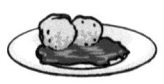

ushqim

ежа

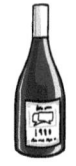

shishe

бутэлька

ushqim i shpejtë

хуткае харчаванне (фаст-фуд)

ushqim i shërbyer në rrugë

....
стрыт-фуд

ibrik çaji

імбрык (чайнік)

kuti sheqeri
....
цукарніца

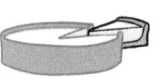

racion
....
порцыя

makinë kafeje ekspres
....
эспрэса-машына

karrige e lartë
....
дзіцячае крэселка

faturë
....
рахунак

tabaka
....
паднос

thika
....
нож

pirun
....
відэлец

lugë
....
лыжка

lugë çaji
....
чайная лыжка

pecetë
....
сурвэтка

gotë
....
шклянка

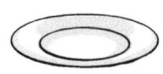

pjatë

талерка

pjatë supe

супавая талерка

pjatë filxhani

сподак

salcë

соус

mbajtëse kripe

сальніца

mulli piperi

млынок для перцу

uthull

воцат

vaj

алей

erëza

спецыі

keçap

кетчуп

mustardë

гарчыца

majonezë

маянэз

supermarket

супермаркет

ofertë speciale
акцыя
FOR
klient
пакупнік
produkte bulmeti
малочныя прадукты
frut
садавіна
karrocë pazari
вазок

BUTCHERS

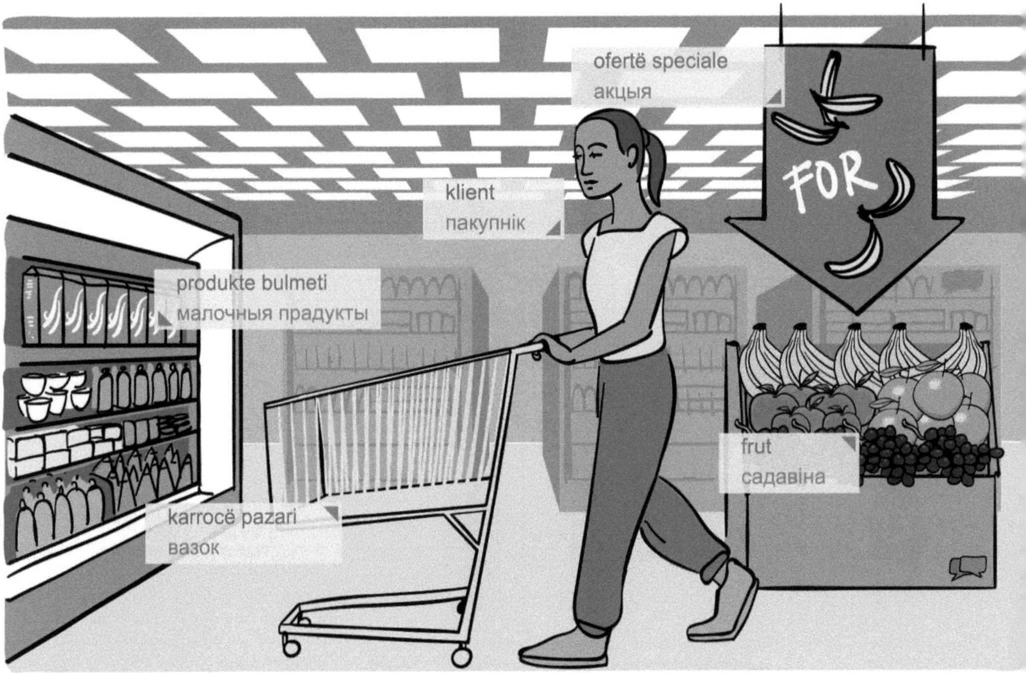

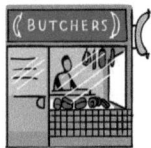

dyqan mishi

мясная крама

BAKERY

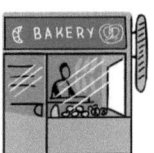

furrë buke

хлебны магазін

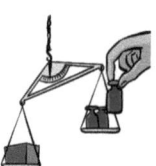

peshoj

важыць

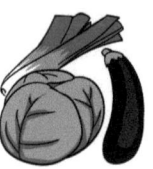

perime

гароднiна

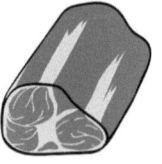

mish

мяса

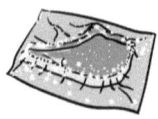

ushqim i ngrirë

свежазамарожаныя прадукты

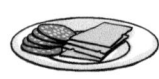

copë

нарэзка

ushqim i konservuar

кансервы

pluhur larës

пральны парашок

ëmbëlsirat

прысмакі

prodhime shtëpie

хатнія прылады

produkte pastrimi

чысцячы сродак

shitëse

прадавец

kasë fiskale

каса

arkëtar

касір

listë blerjeje

спіс пакупак

oraret e punës

гадзіны працы

portofol

бумажнік

kartë krediti

крэдытная картка

çantë

сумка

qese plastike

пакет

ujë

вада

lëng frutash

сок

qumësht

малако

koka-kola

кола

verë

віно

birrë

піва

alkool

алкаголь

kakao

какава

çaj

гарбата (чай)

kafe

кава

kafe ekspres

эспрэса

kapuçino

капучына

banane

банан

mollë

яблык

portokalle

апельсін

pjepër

дыня

limon

лімон

karrotë

морква

hudhër

часнок

bambu

бамбук

qepë

цыбуля

kërpudha

грыб

arra

арэхі

makarona

локшына

spageti

спагеці

oriz

рыс

sallatë

салата

patate të skuqura

бульба фры

patate të skuqura

смажаная бульба

pica

піца

hamburger

гамбургер

sanduiç

бутэрброд

shnicel

шніцаль

proshutë

вяндліна

sallam

салямі

salçiçe

каўбаса

pulë

курыца

skuq

смажаніна

peshk

рыбак

tërshërë

аўсяныя камякі

drithëra

мюслі

kornfleiks

кукурузныя шматкі

miell

мука

kruasant

круасан

panine

булачка

bukë

хлеб

tost

тост

biskotë

пячэнне

gjalp

масла

gjizë

тварог

tortë

пірог

vezë

яйка

vezë sy

яечня

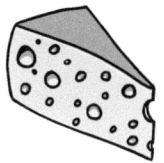

djathë

сыр

akullore

марожанае

sheqer

цукар

mjaltë

мёд

marmaladë

варэнне

çokokrem

нуга

këri

кары

fermë

сядзіба

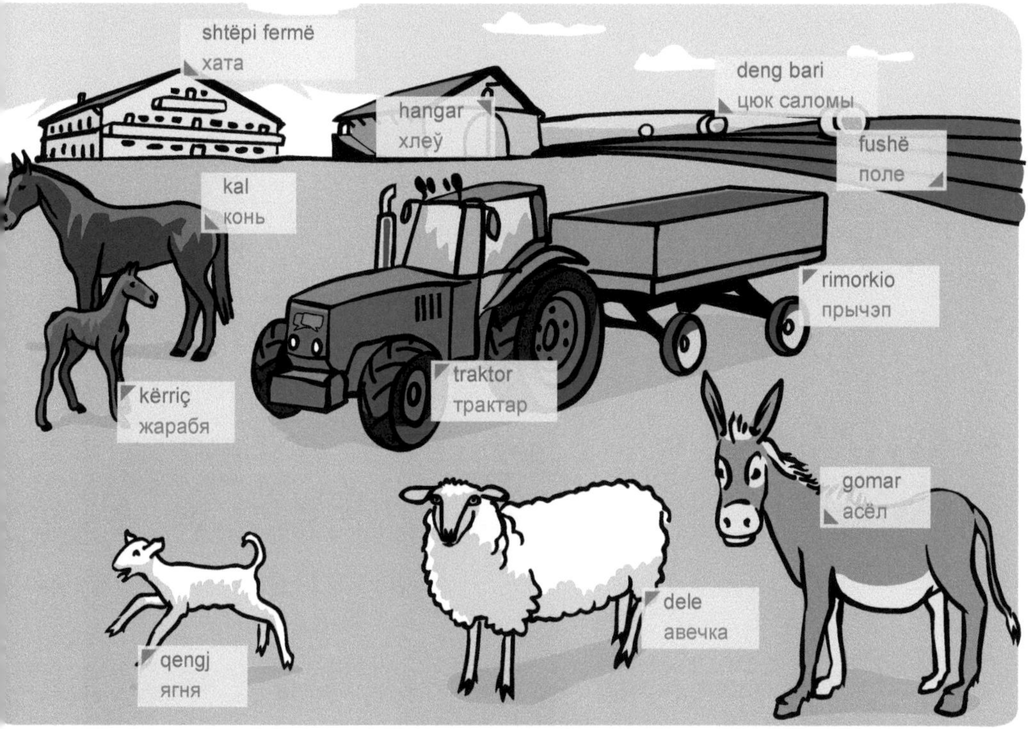
shtëpi fermë
хата
hangar
хлеў
deng bari
цюк саломы
fushë
поле
kal
конь
rimorkio
прычэп
traktor
трактар
kërriç
жарабя
gomar
асёл
dele
авечка
qengj
ягня

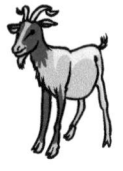

dhi

каза

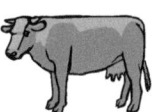

lopë

карова

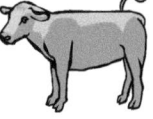

viç

цяля

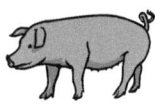

derr

свіння

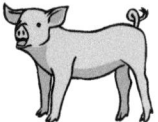

derrkuc

парася

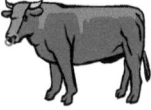

dem

бык

patë

гусак

rosë

качка

zog pule

кураня

pulë

курыца

gjel

певень

mi

пацук

mace

кот

mi

мыш

buall

вол

qen

сабака

kolibe qeni

сабачая будка

zorrë vaditëse

садовы шланг

vaditëse

палівачка

kosë

каса

plug

плуг

drapër

серп

shat

матыка

kosa

вілы для гною

sëpatë

сякера

karrocë

тачка

govatë

карыта

bidon qumështi

бітон для малака

thes

мех

gardh

плот

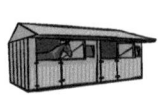

ahur

хлеў

serë

цяпліца

dhe

глеба

farë

насенне

pleh

угнаенне

autokombanjë

камбайн

korr

збіраць ураджай

te korrat

ураджай

patate e ëmbël "Yam"

ямс

grurë

пшаніца

soja

соя

patate

бульба

misër

кукуруза

raps

рапс

pemë frutore

садовае дрэва

zhardhok manioku

маніёк

drithëra

збожжа

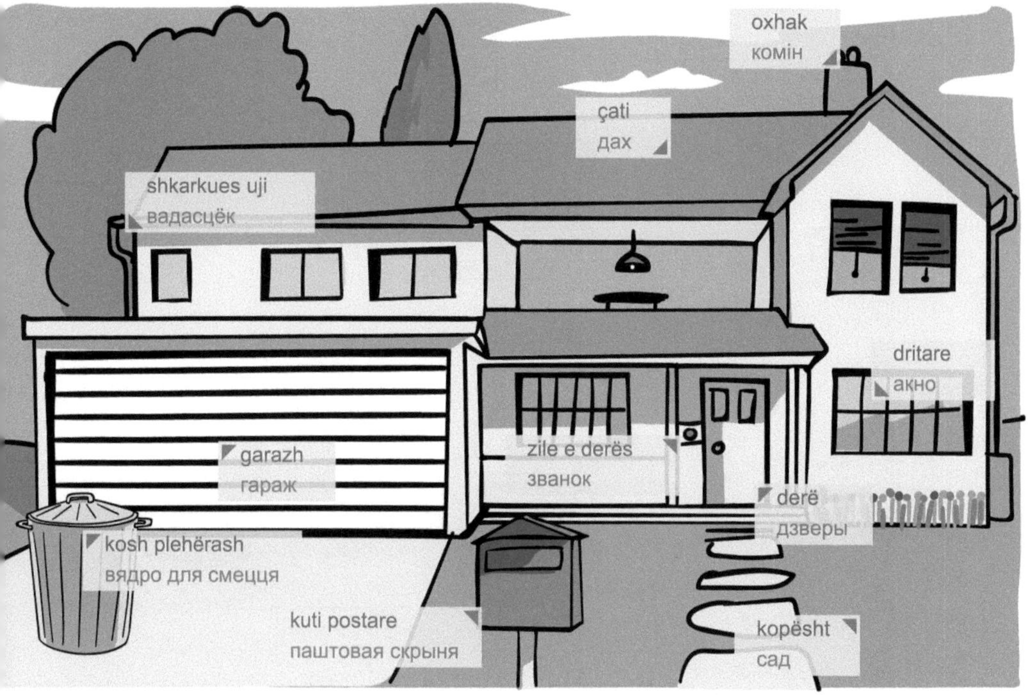

oxhak
комін

çati
дах

shkarkues uji
вадасцёк

dritare
акно

garazh
гараж

zile e derës
званок

derë
дзверы

kosh plehërash
вядро для смецця

kuti postare
паштовая скрыня

kopësht
сад

dhomë ndenjeje

жылы пакой

tualet

ванная

kuzhinë

кухня

dhomë gjumi

спальны пакой

dhomë fëmijësh

дзіцячы пакой

dhomë ngrënieje

сталоўка

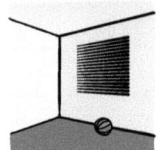

dysheme

падлога

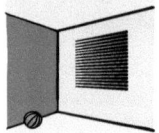

mur

сцяна

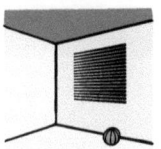

tavan

столь

bodrum

падвал

sauna

саўна

ballkon

балкон

tarracë

тэраса

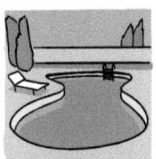

pishinë

басейн

kositëse bari

касілка

çarçaf

падкоўдранік

kuvertë

коўдра

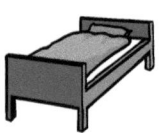

krevat

ложак

fshesë dore

венік

kovë

вядро

çelës

выключальнік

dhomë ndenjeje

жылы пакой

tapiceri
шпалеры
fotografi
малюнак
llambë
лямпа
raft
паліца
dollap
шафа
pajisje televizive
тэлевізар
vatër
камін
lule
кветка
jastëk
падушка
divan
канапа
vazo
ваза
telekomandë
пульт

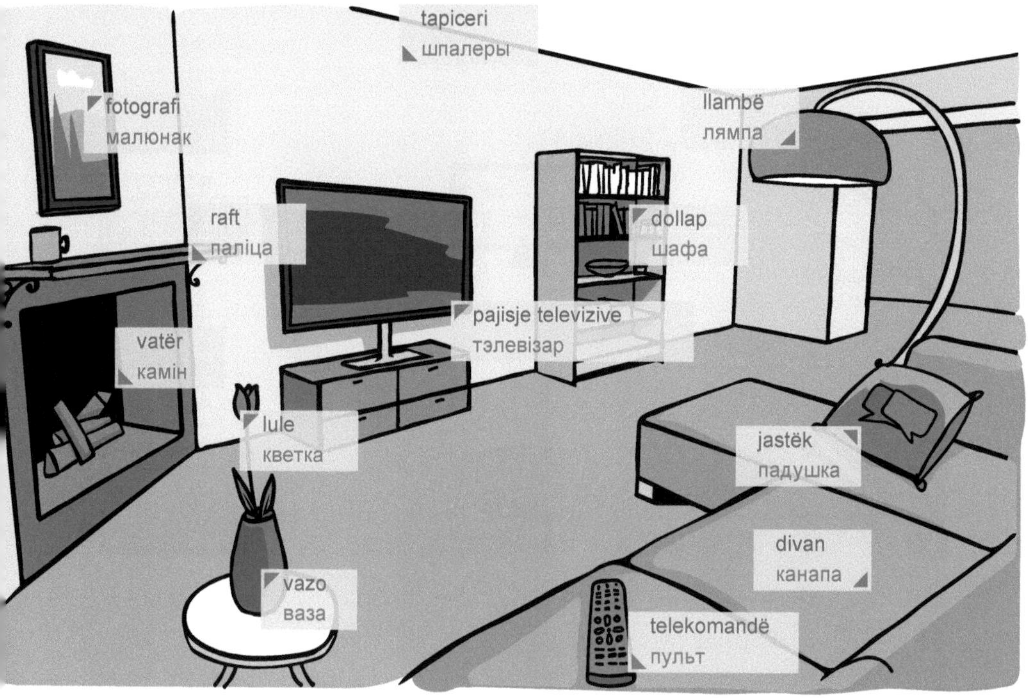

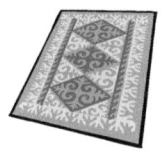

qilim
дыван

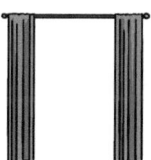

perde
фіранка

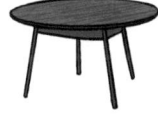

tavolinë
стол

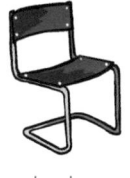

karrige
крэсла

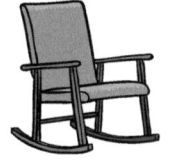

karrige lëkundëse
крэсла-качалка

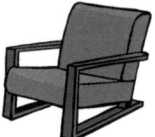

kolltuk
крэсла

libri

кніга

batanije

коўдра

zbukurime

дэкарацыя

dru zjarri

дровы

film

кіно

stereo

стэрэасістэма

çelës

ключ

gazetë

газета

pikturë

карціна

afishe

постар

radio

радыё

bllok shënimesh

нататнік

fshesë me korent

пыласос

kaktus

кактус

qiri

свечка

kuzhinë
кухня

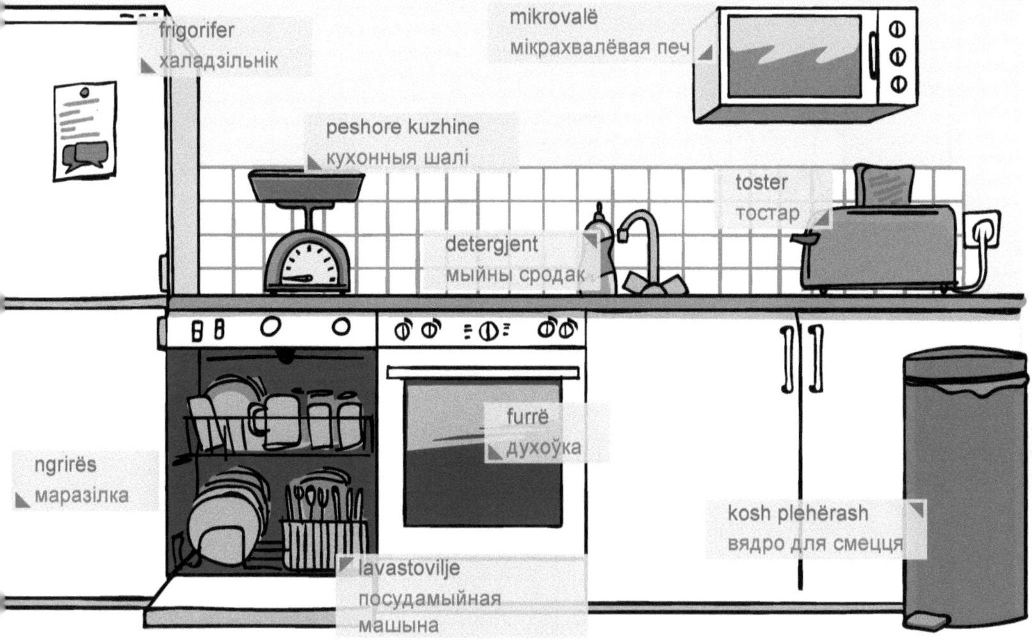
frigorifer
халадзільнік
mikrovalë
мікрахвалёвая печ
peshore kuzhine
кухонныя шалі
toster
тостар
detergjent
мыйны сродак
furrë
духоўка
ngrirës
маразілка
kosh plehërash
вядро для смецця
lavastovilje
посудамыйная
машына

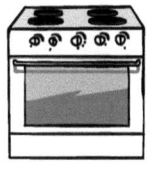

sobë
....
пліта

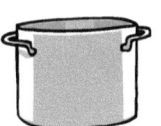

tenxhere
....
рондаль

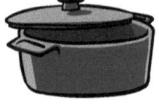

tenxhere me kapak
....
чыгунок

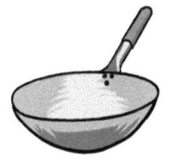

tigan special (Wok)
....
Вок / кадаі

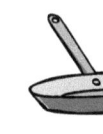

tigan
....
патэльня

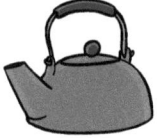

çajnik
....
чайнік

tenxhere me avull

параварка

tavë pjekjeje

бляха

enë

посуд

filxhan

кубак

tas

міска

shkopinj

палачкі для ежы

garuzhde

чарпак

spatul

лапатачка

tel kuzhine

збівалка

kulluese

сіта для варэння

sitë

сіта

rende

тарка

havan

ступка

skarë

грыль

zjarr

вогнішча

dërrasë për prerje

дошка

okllai

качалка

heqëse tapash

штопар

kanaçe

бляшанка

hapëse kanaçeje

адкрывалка

rrobë për të kapur tenxheren

прыхваткі

lavaman

ракавіна

furçë

шчотка

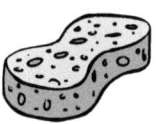

sfungjer

губка

përzjerës

міксер

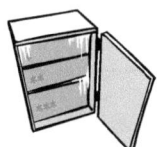

ngrirës

маразільная камера

biberon për lëngje

бутэлечка

rubinet

вадаправодны кран

tualet

ванная

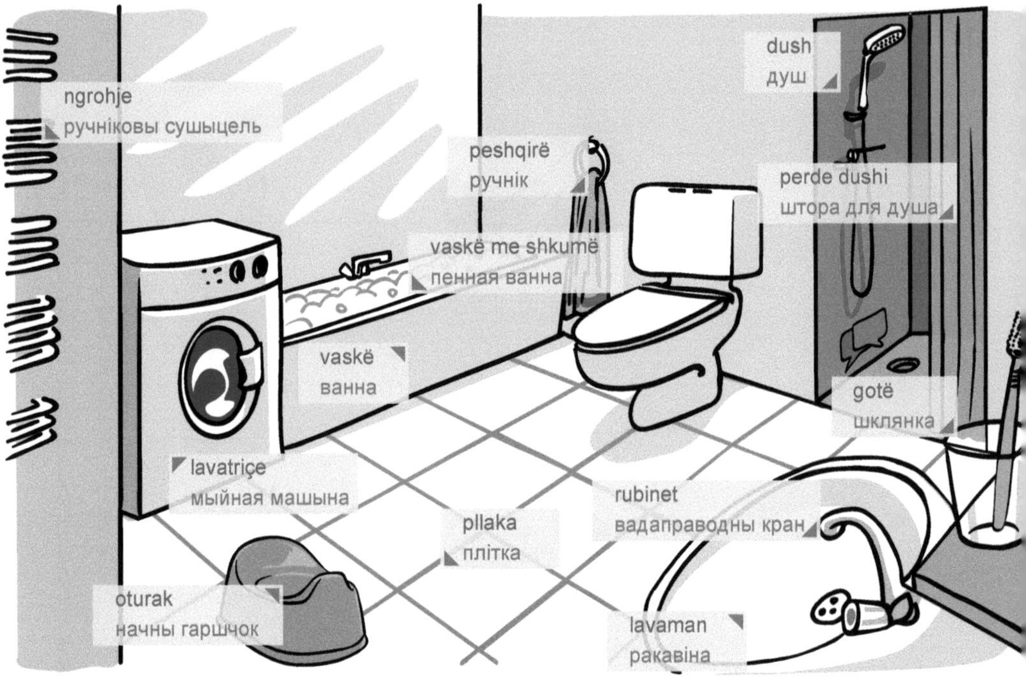

ngrohje
ручніковы сушыцель
peshqirë
ручнік
dush
душ
perde dushi
штора для душа
vaskë me shkumë
пенная ванна
vaskë
ванна
gotë
шклянка
lavatriçe
мыйная машына
rubinet
вадаправодны кран
pllaka
плітка
oturak
начны гаршчок
lavaman
ракавіна

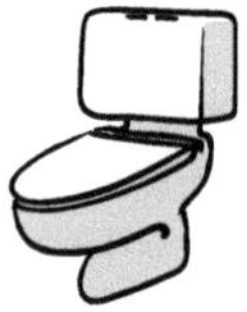

tualet
туалет

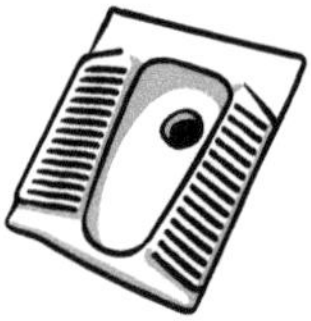

WC e sheshtë
падлогавы ўнітаз

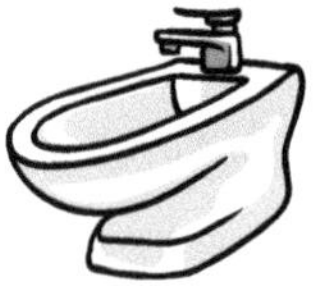

bide
бідэ

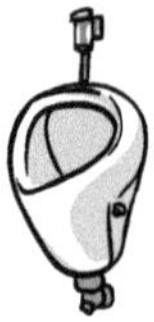

tualet publik
пісуар

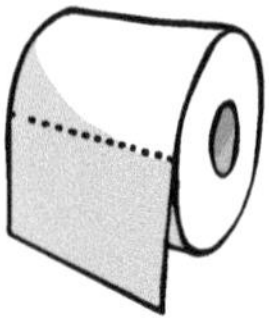

letër higjienike
туалетная папера

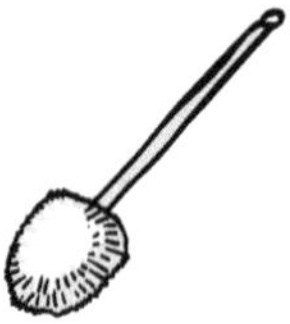

furçe për WC
шчотка для чысткі ўнітаза

furçë dhëmbësh

зубная шчотка

pastë dhëmbësh

зубная паста

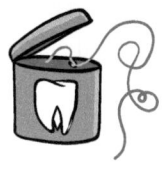

fije dentare

зубная нітка

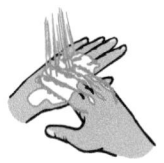

laj

мыць

dorezë dushi

ручны душ

larës për zonën intime

інтымны душ

legen

умывальнік

furçë për masazh shpine

шчотка для спіны

sapun

мыла

shampo trupi

гель для душа

shampo

шампунь

leckë pastruese

вяхотка

kullues

вадасцёк

krem

крэм

antidjersë

дэзадарант

pasqyrë

люстэрка

pasqyrë dore

касметычнае люстэрка

brisk rroje

станок для галення

shkumë rroje

пена для галення

locion pas rrojes

ласьён пасля галення

krehër

грэбень

furçë

шчотка

tharëse flokësh

фен

llak për flokët

лак для валасоў

grim

касметыка

buzëkuq

памада

manikyr

лак для пазногцяў

mbushje pambuku

вата

gërshërë për thonj

манікюрныя нажніцы

parfum

духі

çantë për sendet personale

касметычка

Stol

табурэтка

peshore

вагі

robëdëshambër

лазневы халат

dorashka gome

санітарныя пальчаткі

tampon

тампон

peceta higjienike

гігіенічныя пракладкі

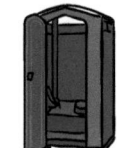

tualet I lëvizshëm

біятуалет

dhomë fëmijësh

дзіцячы пакой

orë me zile
будзільнік
lodra me pellushë
мяккая цацка
makinë lodër
цацачная машынка
rraketake
бразготка
shtëpi kukullash
лялечны домік
dhuratë
падарунак

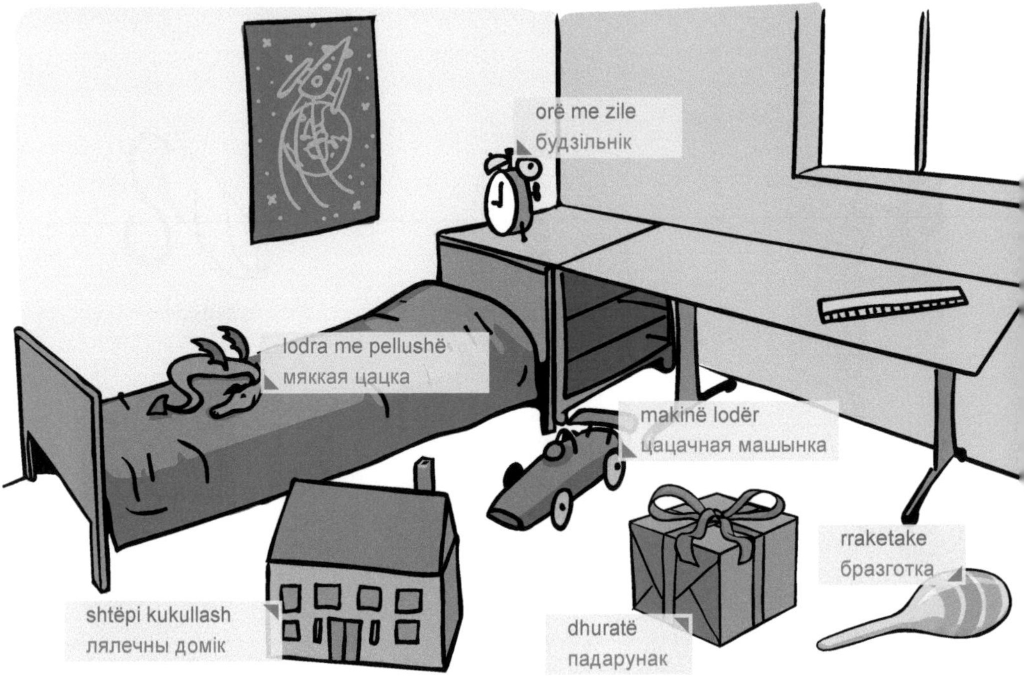

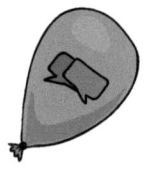

tollumbace

надзіманы шарык

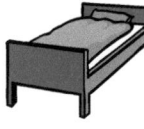

krevat

ложак

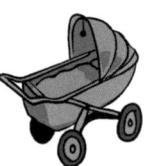

karrocë fëmijësh

дзіцячая каляска

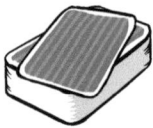

lojë me letra

калода картаў

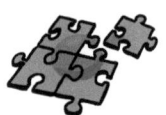

bashkim pjesësh me figura

пазл

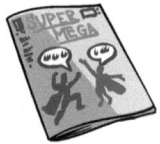

komik

комікс

formuese lodër

канструктар "Лега"

kuba plastikë

канструктар

lodra

экшэн-фігурка

badi

дзіцячы гарнітур

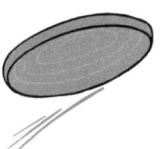

frizbi

фрызбі

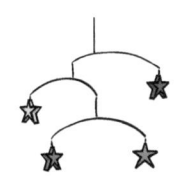

lodra të varura tek krevati i fëmijëve

дзіцячы мабіль

tavolinë lojërash

настольная гульня

zare

кубік

model treni

дзіцячая чыгунка

biberon

пустышка

festë

дзіцячае свята

libër me ilustrime

кніга з малюнкамі

top

мячык

kukull

лялька

luaj

гуляцца

grumbull rëre

пясочніца

kolovarëse

арэлі

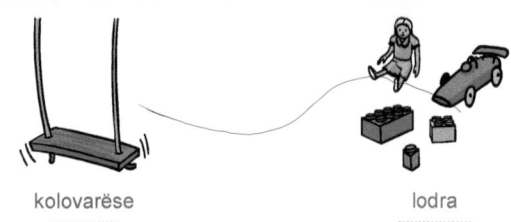

lodra

цацкі

leva për lojra video

гульнявая відэа прыстаўка

triçikël

трохколавы ровар

arush prej pellushi

плюшавы мішка

garderobë

шафа

veshje

адзенне

çorape

шкарпэткі

çorape të gjata

панчохі

geta

калготкі

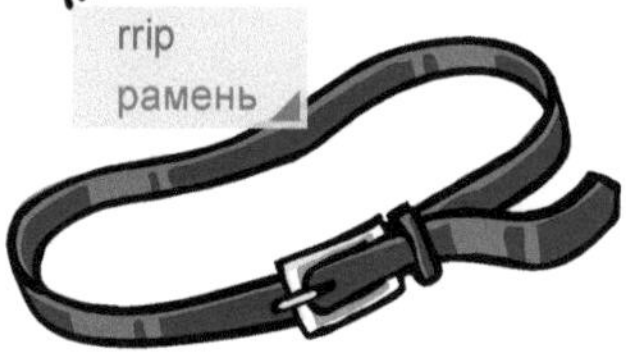

shall
шалік

çadër
парасон

rrip
рамень

bluzë pa jakë
цішотка

çizme
боты

pantofla
пантоплі

atlete
красоўкі

sandale
....
сандалі

këpucë
....
абутак

çizme llastiku
....
гумовыя боты

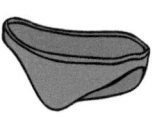

të mbathura
....
трусы

reçipeta
....
бюстгальтар

kanotierë
....
майка

trup

бодзі

pantallona

штаны

xhinse

джынсы

fund

спадніца

bluzë

блузка

këmishë

кашуля

pulovër

джэмпер

triko

талстоўка

xhaketë

блэйзер

xhaketë

куртка

pallto

паліто

mushama shiu

дажджавік

kostum

касцюм

fustan

сукенка

fustan nusërie

вясельная сукенка

kostum

касцюм

këmishë nate

начная сарочка

pizhama

піжама

sari (veshje tradicionale indiane)

сары

shami koke

хустка

çallmë

цюрбан

veshje për femrat e besimit musliman

паранджа

kaftan (lloj veshjeje tradicionale)

каптан

ferexhe

Абая

kostum banje

купальнік

rroba banje

плаўкі

pantallona të shkurtra

шорты

tuta sporti

спартыўны касцюм

përparëse

фартух

dorashka

пальчаткі

kopsë

гузік

syze

акуляры

byzylyk

бранзалет

gjerdan

каралі

unazë

кальцо

vath

завушніца

kapuç

кепка

varëse për pallto

вешалка

kapele

капялюш

kravatë

гальштук

zinxhir

маланка

helmetë

шлем

tiranda

падцяжкі

uniformë shkolle

школьная форма

uniformë

уніформа

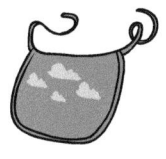

gushore

нагруднік

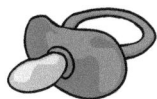

biberon

пустышка

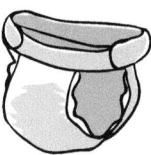

pelenë

падгузнік

zyrë

офіс

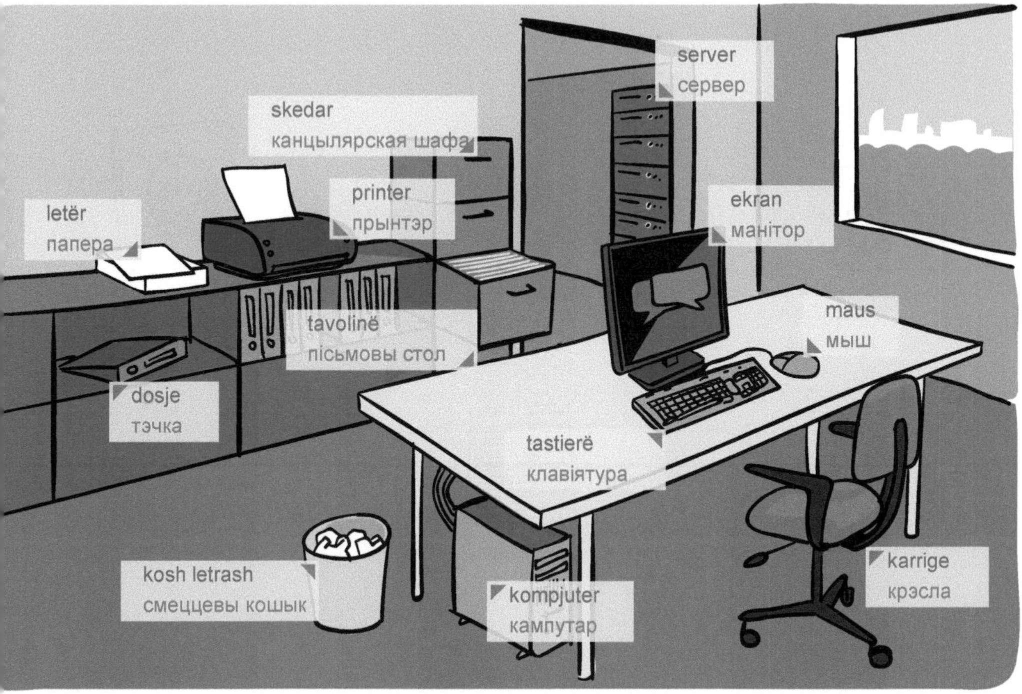
server
сервер
skedar
канцылярская шафа
printer
прынтэр
letër
папера
ekran
манітор
tavolinë
пісьмовы стол
maus
мыш
dosje
тэчка
tastierë
клавіятура
kosh letrash
смеццевы кошык
kompjuter
кампутар
karrige
крэсла

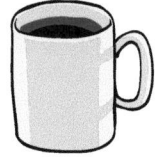

filxhan kafeje

убак для кавы (філіжанка)

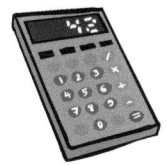

makinë llogaritëse

калькулятар

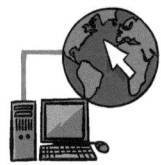

internet

інтэрнэт

kompjuter portativ

ноўтбук

letër

ліст

mesazh

паведамленне

telefon

мабільны тэлефон

rrjet

сетка

fotokopje

ксеракс

program

праграмнае забеспячэнне

telefon

тэлефон

prizë

разетка

pajisje faksi

факс

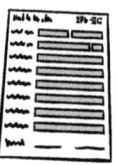

formular

фармуляр

dokument

дакумент

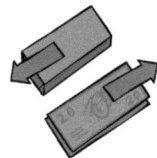

blej
....
купляць

paguaj
....
плаціць

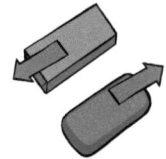

tregtoj
....
гандляваць

para
....
грошы

dollar
....
долар

euro
....
еўра

jen
....
ена

RUB

rubla
....
рубель

franga zvicerane
....
франк

CNY

juani kinez
....
кітайскі юань

INR

rupje
....
рупія

bankomat
....
банкамат

pikë këmbimi valutor

абменны пункт

ar

золата

argjend

срэбра

nafta

нафта

energji

энергія

çmim

цана

kontratë

кантракт

taksë

падатак

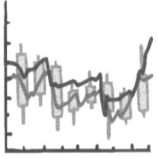

aksione

акцыя

punoj

працаваць

punonjës

служачы

punëdhënës

працадаўца

fabrikë

фабрыка

dyqan

крама

profesionet

прафесіі

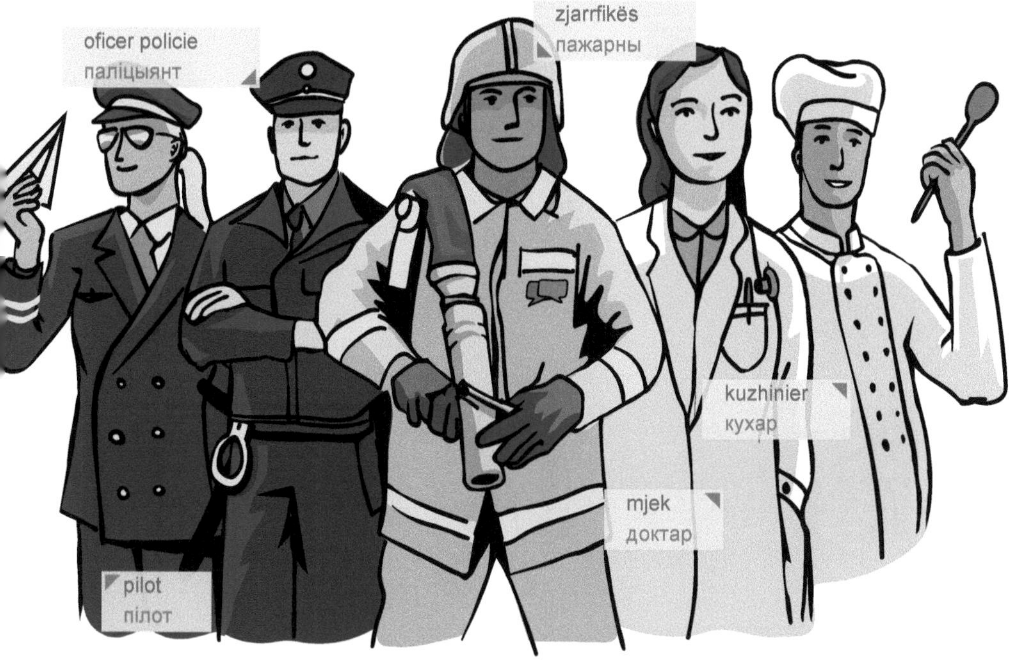
oficer policie
паліцыянт
zjarrfikës
пажарны
kuzhinier
кухар
mjek
доктар
pilot
пілот

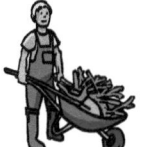

kopshtar

садоўнік

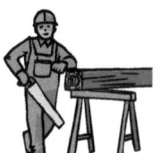

marangoz

слесар

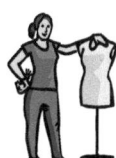

rrobaqepëse

швачка

gjykatës

суддзя

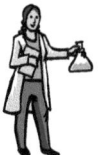

kimist

хімік

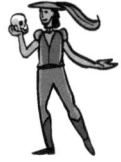

aktor

артыст

shofer autobuzi

кіроўца аўтобуса

taksist

таксіст

peshkatar

рыбак

pastruese

прыбіральшчыца

riparues çatish

страхар

kamarier

афіцыянт

gjuetar

паляўнічы

piktor

мастак

furrxhi

пекар

elektriçist

электрык

ndërtues

будаўнік

inxhinier

інжынер

kasap

мяснік

hidraulik

сантэхнік

postieri

паштальён

ushtar

салдат

arkitekt

архітэктар

arkëtar

касір

luleshitës

фларыст

berber

цырульнік

kontrollor

кандуктар

mekanik

механік

kapiten

капітан

dentist

стаматолаг

shkencëtar

вучоны

rabin

рабін

imam

імам

murg

манах

klerik

святар

mjete
інструменты

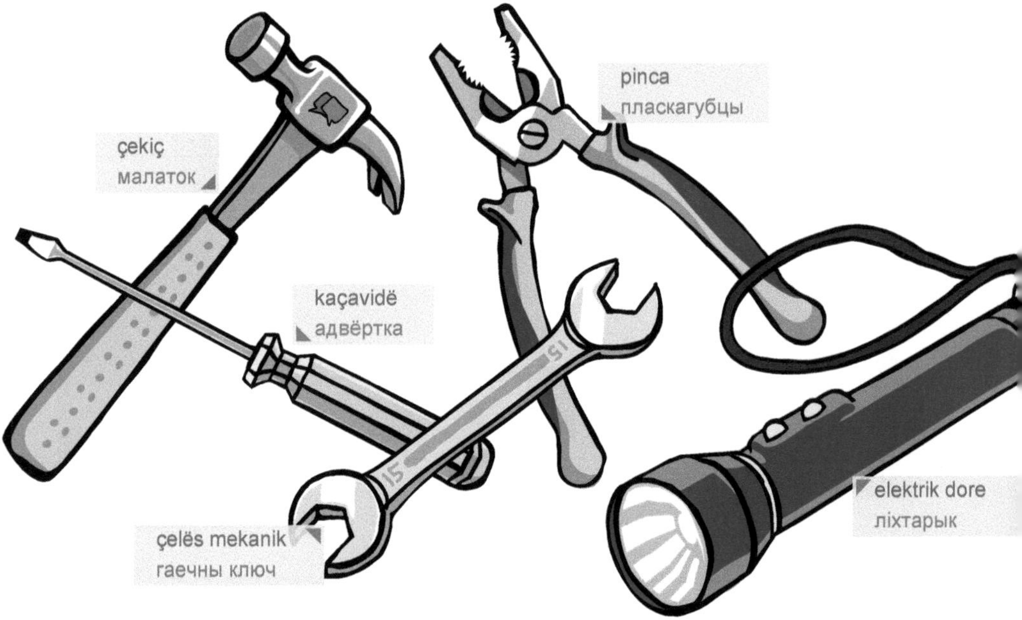

pinca
пласкагубцы
çekiç
малаток
kaçavidë
адвёртка
elektrik dore
ліхтарык
çelës mekanik
гаечны ключ

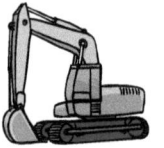

ekskavator
экскаватар

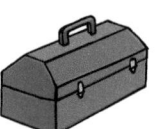

kuti veglash
скрыня для інструментаў

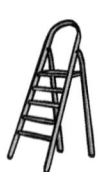

shkallë
дравіны

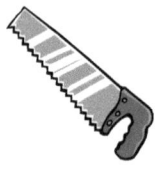

sharrë
піла

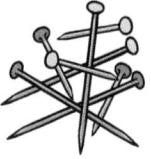

gozhdë
цвікі

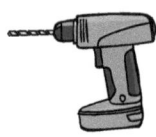

trapan
дрыль

riparoj
рамантаваць

lopatë
рыдлеўка

Dreq!
Халера!

kaci
шуфлік для смецця

kuti boje
вядро з фарбаю

vidhë
балты

instrumenta muzikorë
музычныя інструменты

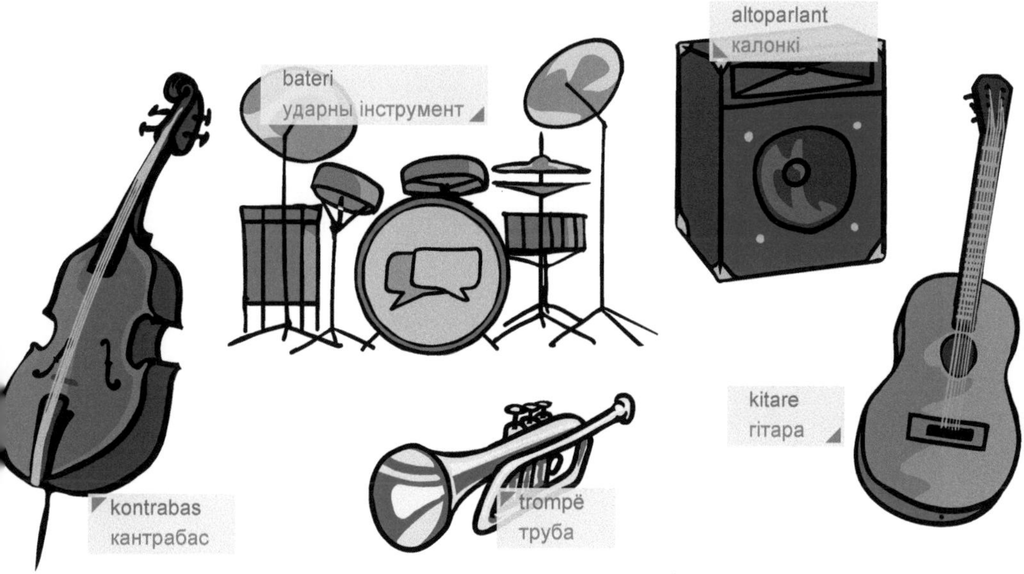

altoparlant
калонкі

bateri
ударны інструмент

kitare
гітара

kontrabas
кантрабас

trompë
труба

piano

піяніна

violinë

скрыпка

bas

басгітара

tamburë

літаўры

daulle

барабан

tastierë pianoje

клавішны электрамузычны інструмент

saksofon

саксафон

flaut

флейта

mikrofon

мікрафон

instrumenta muzikorë - музычныя інструменты

tigër
тыгр

hyrje
уваход

kafaz
клетка

zebër
зебра

ushqim për kafshë
корм для жывёл

panda
панда

kafshë

жывёлы

elefant

слон

kangur

кенгуру

rinoceront

насарог

gorillë

гарыла

ari

мядзведзь

deve

вярблюд

struc

стравус

luan

леў

majmun

малпа

flamingo

фламінга

papagall

папугай

ari polar

белы мядзведзь

pinguin

пінгвін

peshkaqen

акула

pallua

паўлін

gjarpër

змяя

krokodil

кракадзіл

punonjës i kopshtit zoologjik

наглядчык заапарка

fokë

цюлень

xhaguar

ягуар

poni

поні

leopard

леапард

hipopotam

бегемот

gjirafë

жыраф

shqiponjë

арол

derr i egër

дзік

peshk

рыбак

breshkë

чарапаха

lopë deti

морж

dhelpër

ліса

gazelë

газель

futboll amerikan
амерыканскі футбол

çiklizëm
веласпорт

tenis
тэніс

basketboll
баскетбол

not
плаванне

boks
бокс

hokej mbi akull
хакей з шайбай

futboll
футбол

badminton
бадмінтон

atletikë
лёгкая атлетыка

hendboll
гандбол

ski
горныя лыжы

polo
пола

aktivitet
дзейнасць

hidhem
скакаць
përqafoj
абдымаць
qesh
смяяцца
eci
ісці
këndoj
спяваць
ëndërroj
марыць
lutem
маліцца
puth
цалаваць

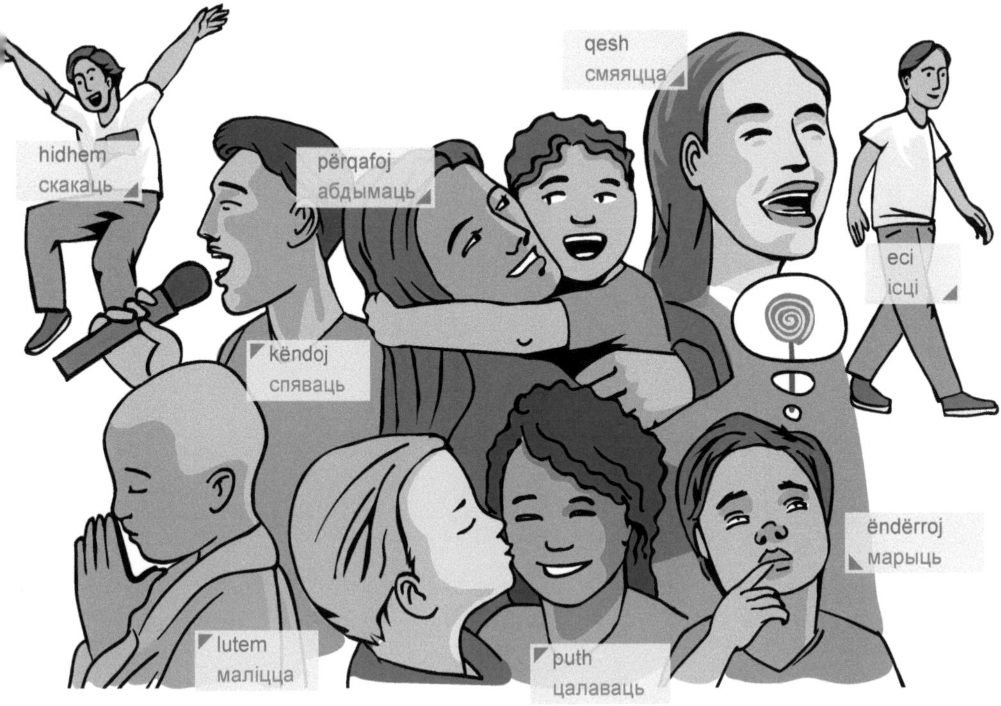

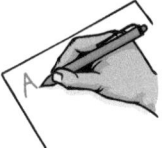

shkruaj

пісаць

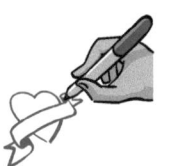

vizatoj

маляваць

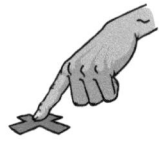

tregoj

паказваць

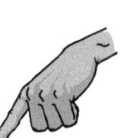

shtyj

націснуць

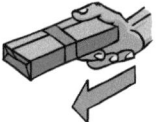

jap

даваць

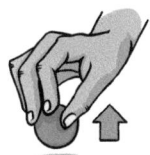

marr

браць

kam

маць

bëj

выконваць

jam

быць

qëndroj

стаяць

vrapoj

бегчы

tërheq

цягнуць

hedh

кідаць

bie

падаць

shtrihem

ляжаць

pres

чакаць

mbaj

насіць

ulem

сядзець

vishem

апранацца

fle

спаць

zgjohem

прачынацца

shikoj

глядзець

qaj

плакаць

përkëdhel

лашчыць

kreh

прычэсвацца

bisedoj

гаварыць

kuptoj

разумець

kërkoj

пытаць

dëgjoj

чуць

pi

піць

ha

есці

sistemoj

прыбіраць

dashuroj

кахаць

gatuaj

гатаваць

drejtoj makinën

ехаць

fluturoj

лятаць

lundroj

плаваць пад ветразем

llogaris

лічыць

lexoj

чытаць

mësoj

вучыць

punoj

працаваць

martohem

уступаць у шлюб

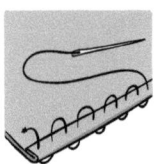

qep

шыць

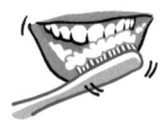

laj dhëmbët

чысціць зубы

vras

забіваць

tymos

курыць

dërgoj

пасылаць

aktivitet - дзейнасць

familje
сям'я

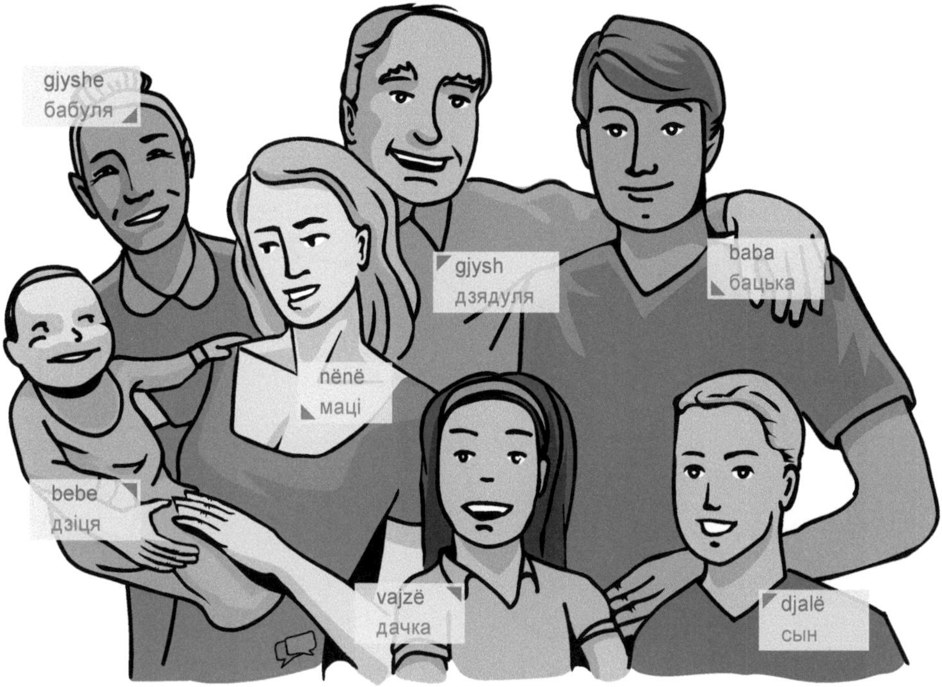
gjyshe
бабуля
gjysh
дзядуля
baba
бацька
nënë
маці
bebe
дзіця
vajzë
дачка
djalë
сын

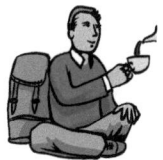

mysafir
....
госць

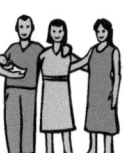

teze, hallë
....
цётка

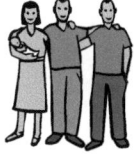

dajë, xhaxha
....
дзядзька

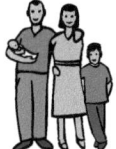

vëlla
....
брат

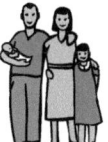

motër
....
сястра

trupi
цела

balli
лоб
syri
вока
shpatulla
плячо
gishti
палец
fytyra
твар
mjekra
падбародак
dora
рука
këmba
нага
krahërori
грудзі
krahu
рука

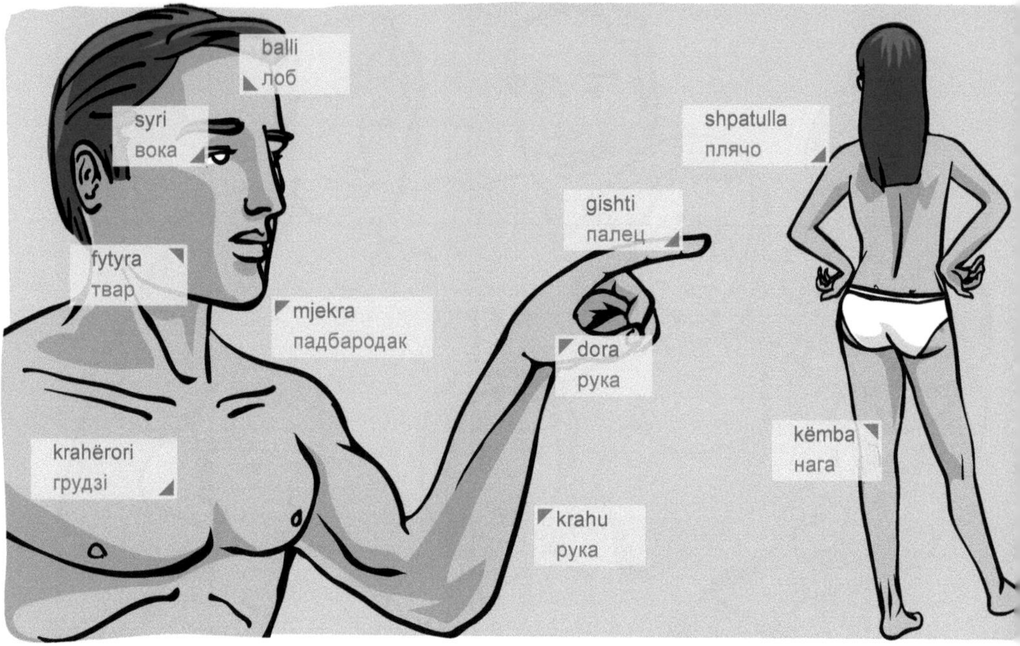

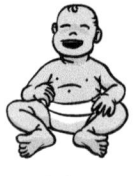

bebe

дзіця

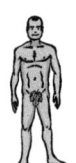

burrë

мужчына

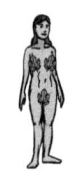

grua

жанчына

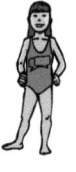

vajzë

дзяўчынка

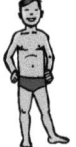

djalë

хлопчык

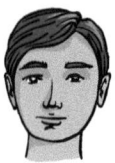

koka

галава

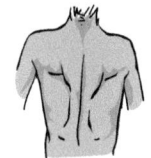

shpina

спіна

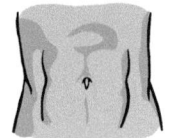

barku

жывот

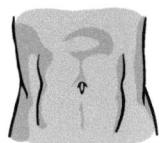

kërthiza

пуп

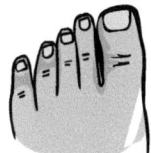

gisht këmbe

палец нагі

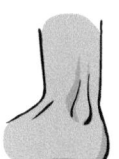

Thembra

пятка

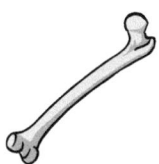

kockë

костка

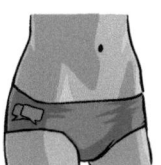

legeni

бядро

gjuri

калена

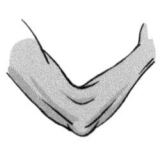

bërryli

локаць

hunda

нос

vithe

ягадзіца

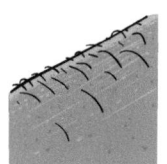

lëkura

скура

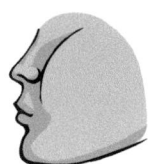

faqja

шчака

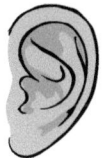

veshi

вуха

buza

губа

trupi - цела

goja

рот

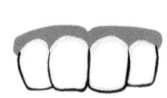

dhëmbët

зуб

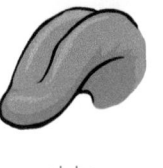

gjuha

язык

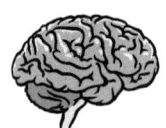

truri

галаўны мозг

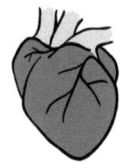

zemra

сэрца

muskul

мышца

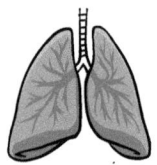

mushkëria

лёгкае

mëlçia

пячонка

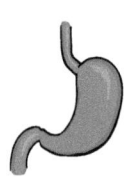

stomaku

страўнік

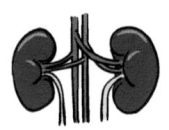

veshka

ныркі

seks

сэкс

prezervativ

прэзерватыў

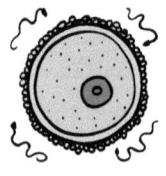

veza

яйцаклетка

sperma

сперма

shtatëzani

цяжарнасць

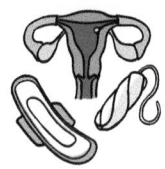

menstruacione

менструацыя

vagina

похва

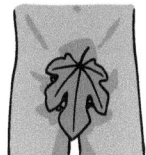

penis

пеніс

vetulla

брыво

flokët

валасы

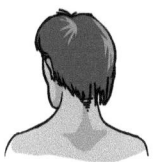

qafa

шыя

spital

шпіталь

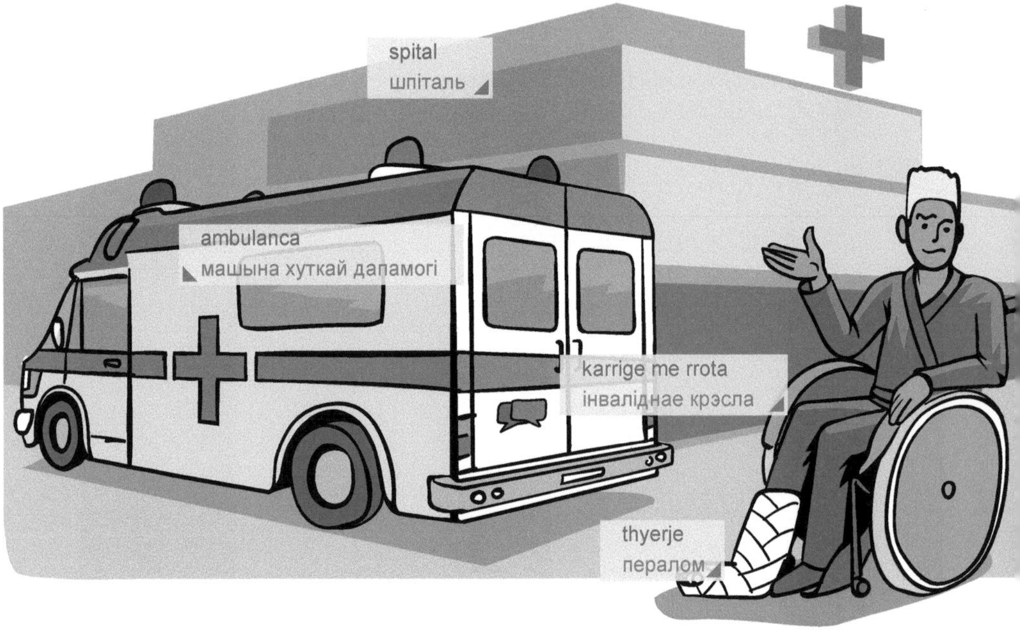

spital
шпіталь
ambulanca
машына хуткай дапамогі
karrige me rrota
інваліднае крэсла
thyerje
пералом

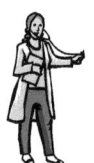

mjek

доктар

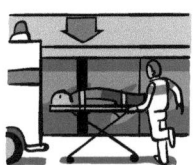

sallë urgjencash

аддзяленне першай дапамогі

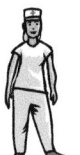

infermiere

медсястра

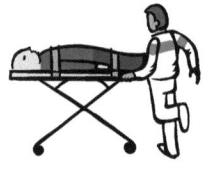

emergjencë

экстраная дапамога

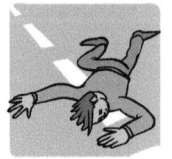

i pandërgjegjshëm

непрытомны

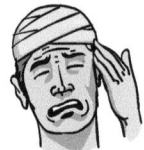

dhimbje

боль

dëmtim

траўма

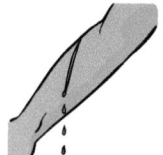

gjakosje

крывацёк

infarkt

інфаркт

goditje

апаплексія

alergji

алергія

kolla

кашаль

ethe

гарачка

grip

грып

diarre

панос

dhimbje koke

галаўны боль

kancer

рак

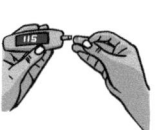

diabet

дыябет

kirurg

хірург

bisturi

скальпель

operacion

аперацыя

CT (skaner)

КТ

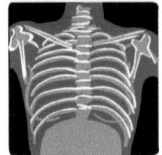

radiografi

рэнтген

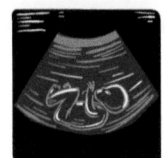

ultratingull

ультрагук

maskë fytyre

маска

sëmundje

хвароба

dhomë pritjeje

пачакальня

paterica

мыліца

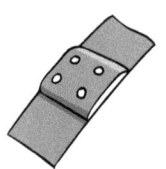

leukoplast

пластыр

fasho

бінт

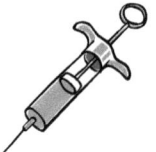

injeksion

ін'екцыя

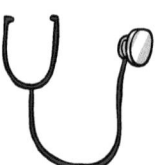

stetoskop

стэтаскоп

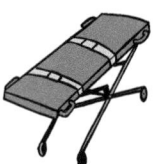

barelë

насілкі

termometër

градуснік

lindje

нараджэнне

mbipeshë

лішняя вага

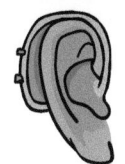

aparat dëgjimi

слухавы апарат

dezinfektant

дэзінфекцыйны сродак

infeksion

інфекцыя

virus

вірус

HIV / AIDS

ВІЧ/СНІД

mjekësi, mjekim

лекі

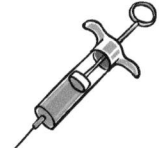

vaksinim

прышчэпка

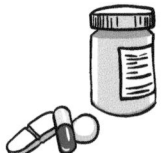

tableta

таблеткі

pilulë

супрацьзачаткавая
таблетка

telefonatë emergjence

экстраны выклік

aparat tensioni

танометр

i sëmurë / i shëndetshëm

хворы / здаровы

Ndihmë!

Ратуйце!

alarm

сігналізацыя

sulm

напад

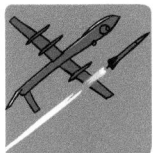

atak

атака

rrezik

небяспека

dalje emergjence

аварыйны выхад

Zjarr!

Пажар!

fikëse zjarri

вогнетушыцель

aksident

аварыя

kuti e ndimës së shpejtë

аптэчка

SOS

СОС

policia

паліцыя

Europa

Еўропа

Amerika e Veriut

Паўночная Амерыка

Amerika e Jugut

Паўднёвая Амерыка

Afrika

Афрыка

Azia

Азія

Australia

Аўстралія

Atlantiku

Атлантычны акіян

Paqësori

Ціхі акіян

Oqeani Indian

Індыйскі акіян

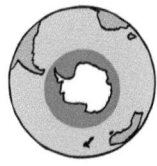

Oqeani Antarktik

Паўднёвы ледавіты акіян

Oqeani Arktik

Паўночны ледавіты акіян

Poli i veriut

Паўночны полюс

Poli i Jugut

Паўднёвы полюс

Antarktida

Антарктыда

toka

Зямля

tokë

краіна

det

мора

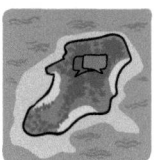

ishull

востраў

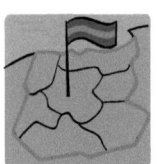

komb

нацыя

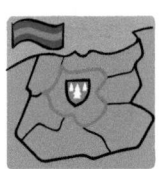

shtet

дзяржава

fusha e orës

цыферблат

akrepi i orës

гадзінная стрэлка

akrepi i minutave

хвілінная стрэлка

akrepi i sekondave

секундная стрэлка

Sa është ora?

Колькі часу?

ditë

дзень

kohë

час

tani

зараз

orë dixhitale

электронны гадзіннік

minutë

хвіліна

orë

гадзіна

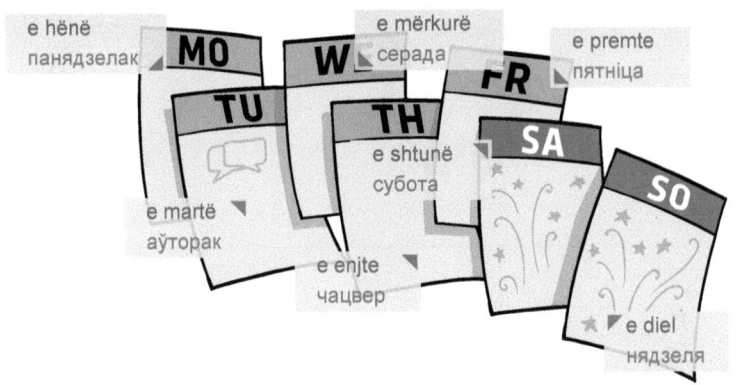

e hënë
панядзелак

e mërkurë
серада

e premte
пятніца

e martë
аўторак

e shtunë
субота

e enjte
чацвер

e diel
нядзеля

dje

ўчора

sot

сёння

nesër

заўтра

mëngjes

раніца

mesditë

абед

mbrëmje

вечар

MO	TU	WE	TH	FR	SA	SU
1	2	3	4	5	6	7
8	9	10	11	12	13	14
15	16	17	18	19	20	21
22	23	24	25	26	27	28
29	30	31	1	2	3	4

ditë pune

працоўныя дні

MO	TU	WE	TH	FR	SA	SU
1	2	3	4	5	6	7
8	9	10	11	12	13	14
15	16	17	18	19	20	21
22	23	24	25	26	27	28
29	30	31	1	2	3	4

fundjavë

выхадныя

shi
дождж

ylber
вясёлка

erë
вецер

borë
снег

pranverë
вясна

verë
лета

vjeshtë
восень

dimër
зіма

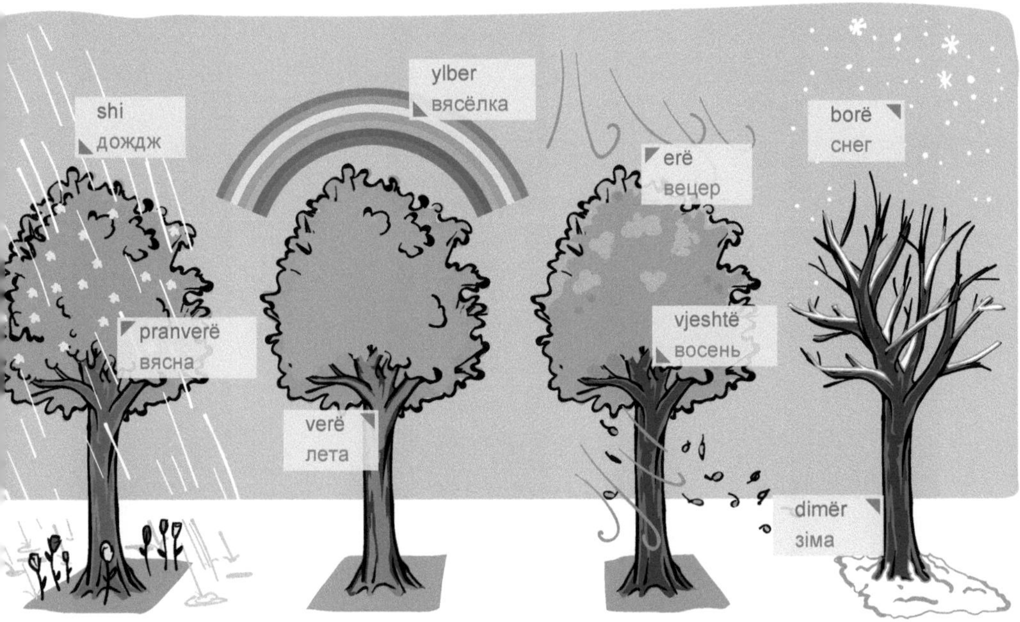

parashikimi i motit

прагноз надвор'я

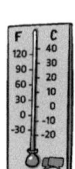

termometër

градуснік

ndriçim dielli

сонечнае святло

re

воблака

mjegull

туман

lagështi

вільготнасць паветра

vetëtima

маланка

gjëmim

гром

stuhi

бура

breshër

град

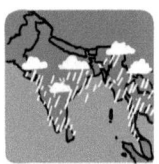

muson

мусонны вецер

përmbytje

прыліў

akull

лёд

janar

студзень

shkurt

люты

mars

сакавік

prill

красавік

maj

май

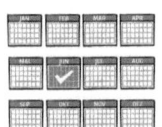

qershor

чэрвень

korrik

ліпень

gusht

жнівень

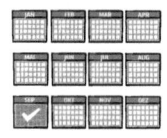

shtator

верасень

tetor

кастрычнік

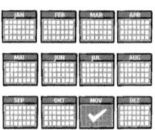

nëntor

лістапад

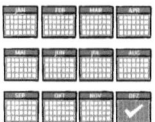

dhjetor

снежань

forma
формы

rreth

круг

katror

квадрат

drejtkëndësh

прамавугольнік

trekëndësh

трохвугольнік

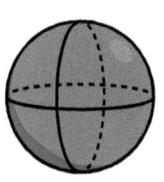

sferë

шар

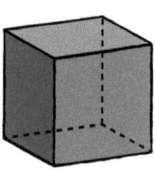

kub

куб

e bardhë

белы

e verdhë

жоўты

portokalli

аранжавы

rozë

ружовы

e kuqe

чырвоны

vjollcë

фіялетавы

blu

сіні

e gjelbër

зялёны

kafe

карычневы

gri

шэры

e zezë

чорны

shumë / pak

шмат / мала

i nevrikosur / i qetë

злы / добры

i bukur / i shëmtuar

прыгожы / брыдкі

fillim / fund

пачатак / канец

i madh / i vogël

высокі / малы

i ndritshëm / i errët

светлы / цёмны

vëlla / motër

сястра / брат

e pastër / e pistë

чысты / брудны

e plotë / jo e plotë

поўны / няпоўны

ditë / natë

дзень / ноч

gjallë / vdekur

мёртвы / жывы

i gjerë / i ngushtë

шырокі / вузкі

i ngrënshëm / i pangrënshëm

ядомы / неядомы

i keq / i këndshëm

злы / добры

i lumtur / i mërzitur

узбуджаны / нудны

i shëndoshë / i dobët

тоўсты / тонкі

e para / e fundit

першы / апошні

mik / armik

сябар / вораг

plot / bosh

поўны / пусты

e fortë / e butë

цвёрды / мяккі

e rëndë / e lehtë

важкі / лёгкі

uri / etje

голад / смага

i sëmurë / i shëndetshëm

хворы / здаровы

e paligjshme / e ligjshme

нелегальны / легальны

i zgjuar / budalla

разумны / дурны

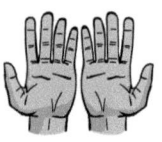

majtas / djathtas

левы / правы

afër / larg

побач / далёка

e re / e përdorur

овы / былы ва ўжыванні

asgjë / diçka

нічога / нешта

i moshuar / i ri

стары / малады

ndezur / fikur

укл / выкл

hapur / mbyllur

адчынены / зачынены

i qetë / i zhurmshëm

ціхі / гучны

i pasur / i varfër

багаты / бедны

e drejtë / e gabuar

правільна / няправільна

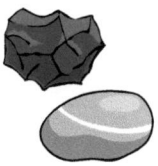

i ashpër / i butë

шурпаты / гладкі

i mërzitur / i lumtur

сумны / шчаслівы

i shkurtër / i gjatë

кароткі / доўгі

ngadalë / shpejt

павольны / хуткі

i lagësht / i thatë

вільготны / сухі

ngrohtë / freskët

цёплы / халаднаваты

luftë / paqe

вайна / мір

0

zero

нуль

1

një

адзін

2

dy

два

3

tre

тры

4

katër

чатыры

5

pesë

пяць

6

gjashtë

шэсць

7

shtatë

сем

8

tetë

восем

9

nentë

дзевяць

10

dhjetë

дзесяць

11

njëmbëdhjetë

адзінаццаць

12
dymbëdhjetë

дванаццаць

13
trembëdhjetë

трынаццаць

14
katërmbëdhjetë

чатырнаццаць

15
pesëmbëdhjetë

пятнаццаць

16
gjashtëmbëdhjetë

шаснаццаць

17
shtatëmbëdhjetë

сямнаццаць

18
tetëmbëdhjetë

васямнаццаць

19
nentëmbëdhjetë

дзевятнаццаць

20
njëzetë

дваццаць

100
qind

сто

1.000
mijë

тысяча

1.000.000
milion

мільён

anglisht

англійская

anglishte amerikane

англійская (Амерыка)

kinezisht mandarin

кітайская мандарынская

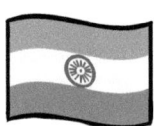

hindi

хіндзі

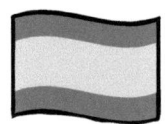

spanjisht

іспанская

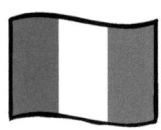

frëngjisht

французская

arabisht

арабская

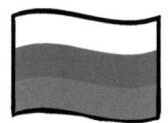

rusisht

руская

portugalisht

партугальская

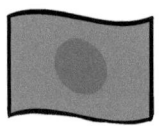

bengalisht

бенгальская

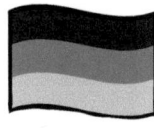

gjermanisht

нямецкая

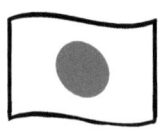

japonisht

японская

une
я

ti
ты

ai / ajo
ён / яна / яно

ne
мы

ju
вы

ata
яны

kush?
хто?

çfarë?
што?

si?
як?

ku?
дзе?

kur?
калі?

emër
імя

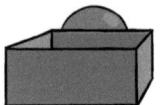

pas

за

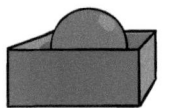

në

у

përballë

перад

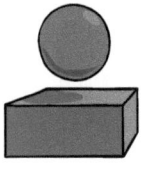

sipër

над

mbi

на

poshtë

пад

pranë

каля

midis

паміж

vend

месца